Jo-Jo

Fibel

Schreiblehrgang B

Schulausgangsschrift

nach Druckschrift

von

Heidemarie Löbler

illustriert von

Maria Aurelio

Barbara Jung

Imke Sönnichsen

Cornelsen

Jo-Jo

Fibel

Schreiblehrgang B

Schulausgangsschrift   von Heidemarie Löbler

Redaktion	Josephine Weigang, Nicole Namour, Martina Schramm
Illustration	Maria Aurelio, Barbara Jung, Imke Sönnichsen
Gesamtgestaltung/Layout	Heike Börner
Umschlagillustration	Barbara Jung
Technische Umsetzung	krauß-verlagsservice, Niederschönenfeld
Bildquelle	U1: Fotolia/Silkstock (Jo-Jo)

www.cornelsen.de

1. Auflage, 4. Druck 2021

© 2016 Cornelsen Verlag GmbH, Berlin

Druck: Athesiadruck GmbH

ISBN 978-3-06-082087-0

PEFC zertifiziert
Dieses Produkt stammt aus nachhaltig bewirtschafteten Wäldern und kontrollierten Quellen.

PEFC
PEFC/18-31-166   www.pefc.de

Hinweise zum Einsatz

1. Grundsätzliches zum Schreiblehrgang

Beim Erlernen der Druckschrift als Erstschrift, also bei der Bearbeitung des Druckschriftlehrgangs, haben die Kinder bereits wesentliche Voraussetzungen erworben, um mit dem vorliegenden Schreiblehrgang zügig und problemlos die verbundene Schrift zu erlernen.

Die *Schulausgangsschrift* ist als verbundene Schrift besonders geeignet, da sie eine gute *Schräglage* aufweist und durch eine straffe Bewegungsführung gekennzeichnet ist. Die Buchstaben haben eine klare Binnenstruktur. Die Großbuchstaben sind der Druckschrift angenähert.

2. Methodische Hinweise zum Schreiblehrgang

Das Schreiben der *Schulausgangsschrift* bedarf systematischer und gründlicher Übung, da es bei dieser Schreibschrift um bewegungsorientiertes, zügig-verbindendes Schreiben geht. Daher sind *ergänzend zur Bearbeitung des Schreiblehrgangs Übungen zur Schulung der Feinmotorik und zur Kräftigung der Fingermuskulatur erforderlich.* Weitere Hinweise dazu finden sich in den Handreichungen für den Unterricht zur Jo-Jo Fibel: ISBN 978-3-06-082092-4.

Das Schreiben mit Füller wird erst nach fortgeschrittenem und sicherem Umgang mit der verbundenen Schrift empfohlen.

Beim Schreiben der *Schulausgangsschrift* sind neben den verschiedenen Grundbewegungen besonders der *Drehrichtungswechsel* und die *Deckstriche* bei einigen Buchstaben zu beachten. Drehrichtungswechsel kommen nicht nur innerhalb der fortlaufenden Schreibbewegung vor. Es gibt auch Drehrichtungswechsel im Anschluss an einen Haltepunkt (1). Sie sind dann zugleich verbunden mit einem Deckstrich (2). Ein Deckstrich ist eine deckungsgleiche Linie in entgegengesetzter Schreibrichtung.

(1) Haltepunkt
(2) Deckstrich

Die Deckstriche (z.B.: *a, d, p, qu, r, ß*) erfordern besondere Beachtung, da sie exakt deckungsgleich geschrieben werden müssen.

In der Schulausgangsschrift gibt es drei grundlegende Buchstabenverbindungen:

Die einzügige Verbindung auf der Grundlinie:

ei au Eu Ma Li Ka

Die angesetzte Verbindung auf der Grundlinie:

Ba Pi Se Do Tu si

Die einzügige Verbindung an der Mittellinie:

Af Fa He ba or rd xe

Im Allgemeinen richtet sich der Schreiblehrgang nach folgenden Prinzipien:

- Der Schreiblehrgang B übt die vom Schreibablauf einander ähnlichen Buchstaben weitgehend im Zusammenhang.
- Wo es erforderlich ist, gibt es eine vorbereitende *feinmotorische Grundübung.*
- Alle neu eingeführten Buchstaben sind oben in *Druckschrift* vorgegeben.

- In den gelb umrandeten Feldern werden die neuen Buchstaben geübt. Zuerst wird der *größte Buchstabe* mehrmals *farbig nachgespurt.* Dann schreiben die Kinder den Buchstaben in unterschiedlichen Größen in das Feld.
- *Rote Startpunkte* helfen, den Buchstaben an der richtigen Stelle zu beginnen. Der Schreibablauf ist durch *Nummern und Richtungspfeile* gekennzeichnet. *Haltepunkte und Drehrichtungswechsel* sind durch Kreise markiert.
- Die grauen Buchstaben und Wörter in den Linien werden *nachgespurt* (Farbstifte oder Fasermaler).
- Für *Linkshänder* erscheinen die Buchstaben und Wörter noch einmal am rechten Zeilenrand.
- Zur Leseerleichterung und als optische Unterstützung beim Abschreiben sind bis einschließlich W,w *Silbenbögen* unter die Wörter gesetzt.
- Der besseren Lesbarkeit wegen sind *Arbeitsaufträge* in Druckschrift geschrieben.
- Das *Umsetzen von Druck- in Schreibschrift* ist ein besonderer Übungsschwerpunkt.
- Alle Seiten bieten *Differenzierungsmöglichkeiten*. Die entsprechend gekennzeichneten Aufgaben sind nach eigenem Ermessen zu bearbeiten.
- Das *Abschreiben von Texten* kann mithilfe der Seite 56 besonders geübt werden. Hier finden sich kleine Texte zu ausgewählten Themen, die innerhalb der Buchstabenprogression zu einem bestimmten Zeitpunkt abgeschrieben werden können (siehe Verweishand auf den entsprechenden Seiten. Die dort mit gekennzeichnete Unterteilung der Texte dient der *Differenzierung*).
- Um die *Selbsteinschätzung* anzubahnen, wird empfohlen, dass die Kinder in den Schreibzeilen ihren „schönsten" Buchstaben bzw. ihr „schönstes" Wort mit einem blauen Punkt markieren.
- Über ein einfaches *Bewertungssystem* mit drei farbigen Kreisen (grün, gelb, rot) können sich die Kinder selbst einschätzen und so den Erfolg ihres Lernens reflektieren.

3. Arbeitssymbole

Folgende Symbole werden im Schreiblehrgang verwendet:

 schreiben    verbinden

 einkreisen   ankreuzen

 in ein Heft schreiben

 besprechen mit einem Partner

Differenzierungsmöglichkeit

Verweis auf die Seite 56, die Übungstexte zum Abschreiben enthält

Zur Selbsteinschätzung der Arbeit soll der passende Kreis angekreuzt werden:

Diese Seite fand ich

○ leicht   ○ mittel   ○ schwer

L l

ll   l

ll   ll

ll   ll

ol   ol

Lola
Lola Lola

Ball
Ball Ball

Salat
Salat Salat

Polli
Polli Polli

los   los
los los los los

Roller
Roller Roller

lila   lila
lila lila lila

toll   toll
toll toll toll

Markiere den schönsten Buchstaben deines Partnerkindes.

l l ll   l ll

5

F | f

f f   f

ff

ff

of of of of of

Tafel
Tafel Tafel

Affe
Affe Affe Affe

Ofen
Ofen Ofen

Schiff
Schiff Schiff

fünf
fünf fünf

Koffer
Koffer Koffer

fein   fein
fein fein fein

offen   offen
offen offen offen

fünf Affen

fünf Koffer

ℓ ℓ   ℓ   ℓℓ   ℓℓ

el   el

le   le

Esel
Esel Esel Esel   **Tafel**
Tafel Tafel

elf
11 elf   **elf**
                                                   elf

elle   elle

Teller   Welle   Kelle

7

I i

i i   i

U u

u u   u

Nina   *Nina Nina*

Pulli   *Pulli Pulli*

lila   *lila lila lila lila lila lila*   lila

Ei ei

ei ei   ei

Eu eu

eu eu   eu

Seil   *Seil Seil Seil*

Feuer   *Feuer Feuer*

Teil Teil Teil

Feuer Feuer

N n

n n　　　　　　　　　　n

ni　　　　　　　　　　ni

in　　　　　　　　　　in
in　　　　　　　　　　in

Toni　　　　　　　　　　Toni
Toni　Toni　Toni　Toni　Toni　Toni

M m

m m　　　　　　　　　　m

im　　　　　　　　　　im
im　　　　　　　　　　im

um　　　　　　　　　　um
um　　　　　　　　　　um

Tim　　　　　　　　　　Tim
Tim　Tim　Tim　Tim　Tim　Tim

Markiere den schönsten Buchstaben deines Partnerkindes.

nn　　　　　nn　　　mm　　　　　mm

9

ein | ein

ein

eine | eine

eine

✏️ *ein* oder *eine*

nein | nein

nein

mein | mein

mein

fein | fein

fein

nun | nun

nun

meine

neun

Diese Seite fand ich ○ leicht ○ mittel ○ schwer

O o

O O ⟶ O   o o ⟶ o

ol ⟶ ol   no ⟶ no

Omi   Omi
Omi   Omi

Ofen   Ofen
Ofen   Ofen

Jojo   Jojo
Jojo Jojo Jojo Jojo Jojo Jojo

Polli   Polli
Polli Polli Polli Polli Polli Polli

Nino   Nino
Nino Nino Nino Nino Nino

Markiere den schönsten Buchstaben deines Partnerkindes.

O o   O o

A a

a a a

an | an
an an

am | am
am am

au au au

Nina | Nina
Nina Nina Nina Nina Nina

alle | alle
alle alle

lila | lila
lila lila

malen | malen
malen malen

auf | auf
auf auf

laufen | laufen
laufen laufen

meine Oma am

D d

d   d   d

du   du
du   *du*

da   da
da   *da*

die   die
die   *die*

dein   dein
dein   *dein*

und   und
und   *und*

dann   dann
dann   *dann*

die

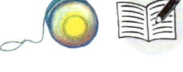 

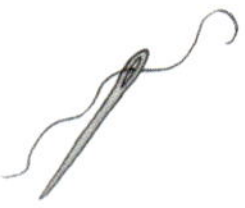

die, den, dem, dann, und, deine Oma,
malen, einmal, auf, laufen, faul

13

T t

F f

Fe

T T T

F F F

Fe Fe

Tee
Tee
Tee
Tee

Toni
Toni
Toni
Toni

Tonne
Tonne
Tonne
Tonne

Fee
Fee *Fee*

Fell
Fell *Fell*

Felle
Felle
Felle
Felle

Faden
Faden
Faden
Faden

eine Tanne, eine Tafel, eine Tonne, ein Telefon,

eine Fee, ein Fell, ein Faden, eine Flamme

S S   S

See   See

so   so
so   so
es   es
es   es

ss   ss

essen   essen

Sessel   Sessel

Oma und Toni sind im Sessel.
Sie essen eine Salami. Fein!

T t

ſt ſt ſt

mit mit

ſt ſt

neſſ neſſ

ſoll ſoll

ſeilen ſeilen

iſt iſt

malt malt

St St St ſt ſt ſt

Stifte Stifte

ſtill ſtill

Schreibe in Schreibschrift.

Oma malt mit Stiften.

Tino malt eine Tomate.

Tomate

N n

N N   N

Ni   Ni

Nu   Nu

Na   Na

Nina   Nina

Nino   Nino

Name   Name

Nest   Nest

Nuss   Nuss

Na   Nu   Na   No   se   del   del   se

Nase

Schreibe in Schreibschrift.

Nino und Nina sind nett.

M m

M M   M

Ma   Ma

Mei   Mei

Mo   Mo

Mama   Mama

Mantel   Mantel

Meise   Meise

Monat   Monat

Mai   Mai

Verbinde die Silben und schreibe.

| Mi nu te | Me lo ne |
| Mei sen nest | Mau se fal le |

Schreibe die vier Nomen mit Artikel auf:

die Minute, ...

18

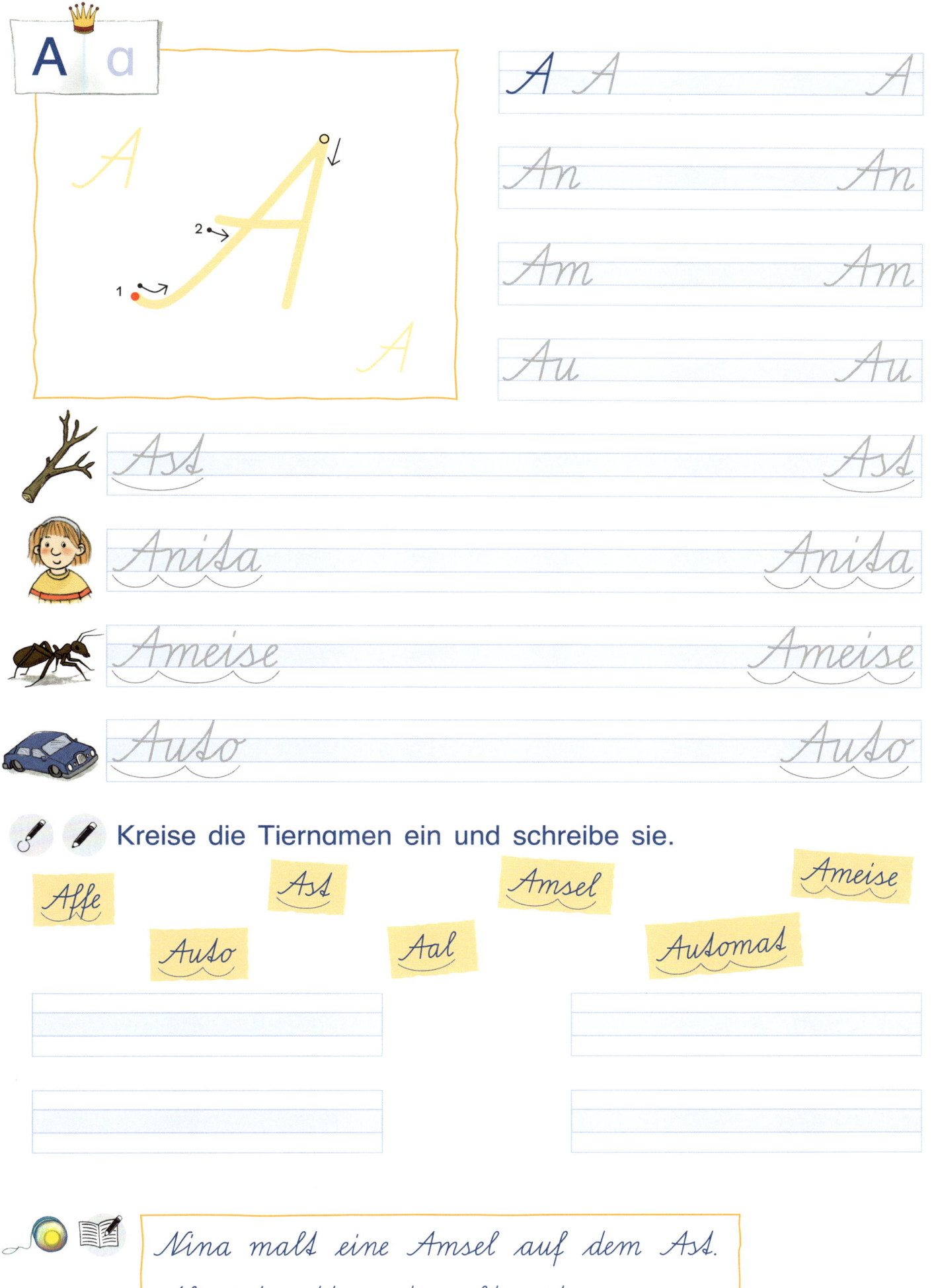

A a

A A   A

An   An

Am   Am

Au   Au

Ast   Ast

Anita   Anita

Ameise   Ameise

Auto   Auto

Kreise die Tiernamen ein und schreibe sie.

Affe   Ast   Amsel   Ameise

Auto   Aal   Automat

Nina malt eine Amsel auf dem Ast.
Ali ist nett und malt mit.

D **d**

D D   D

Di   Di

Du   Du

De   De

Do   Do   Da   Da

Dino   Dino

Dame   Dame

Dose   Dose

Delfin   Delfin

Daumen   Daumen

Domino   Domino

Datum   Datum

Schreibe in Schreibschrift.

Noa und Andi malen Delfine.

E e

ℰ ℰ   ℰ

ℰ   ℰ

Ei   Ei

Eu   Eu

Ente   Ente

Esel   Esel

Elefant   Elefant

Eule   Eule

Efeu   Efeu

Eis   Eis

Eile   Eile

  Am See sind Esel und Enten. Sie essen Salat.

Schreibe in Schreibschrift.

Alle sind am See. Da sind Esel und Enten.
Sie essen Salat und Tomaten.

Diese Seite fand ich   ○ leicht   ○ mittel   ○ schwer

P p

P P   P   p p   p

Polli   Polli

Opa   Opa

Papa   Papa

piepsen   piepsen

pp   pp

Puppe   Puppe

stoppen   stoppen

Pause, Palme, Post, Pedal, Ampel, Mappe, Suppe, passen, pusten, piepsen, stoppen, plus

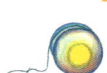 Schreibe alle Nomen mit Artikel ins Heft.

Pf Pf   Pf   pf pf   pf

Pfote   Pfote

Apfel   Apfel

stampfen   stampfen

Pflaume   pfeifen   Topf

Pflaume   pfeifen   Topf

Sp Sp   Sp   sp sp   sp

Spinne   Spinne

spielen   spielen

speisen   speisen

Pfanne, Pfeife, Pfote,
Dampf, Topf, Napf,
Spinne, Spiel, Spaten,
spielen, spannen, speisen

Opa und Nino spielen.
Paola pfeift laut.
Papa spannt ein Seil.
Pollis Pfoten sind nass.

R r

R R   R   r r   r

Rose   Rose

rufen   rufen

der   der

Ordne die Nomen mit R.

Roller   Raum   Ratte   Radio   Ruder   Reise   Rose   Ritter

der	die	das
Raum		

Schreibe alle Nomen mit Artikel ins Heft.

24

ra _____ ra   re _____ re

rt _____ rt   or _____ or

✏ **Was machen alle? Was macht Nino?**

| rei ler re ru ro | ten nen deln dern den |

Alle …	Nino …
Alle reiten.	*Nino reitet.*
Alle	*Nino*

🔵📖 **Schreibe lustige Sätze.**

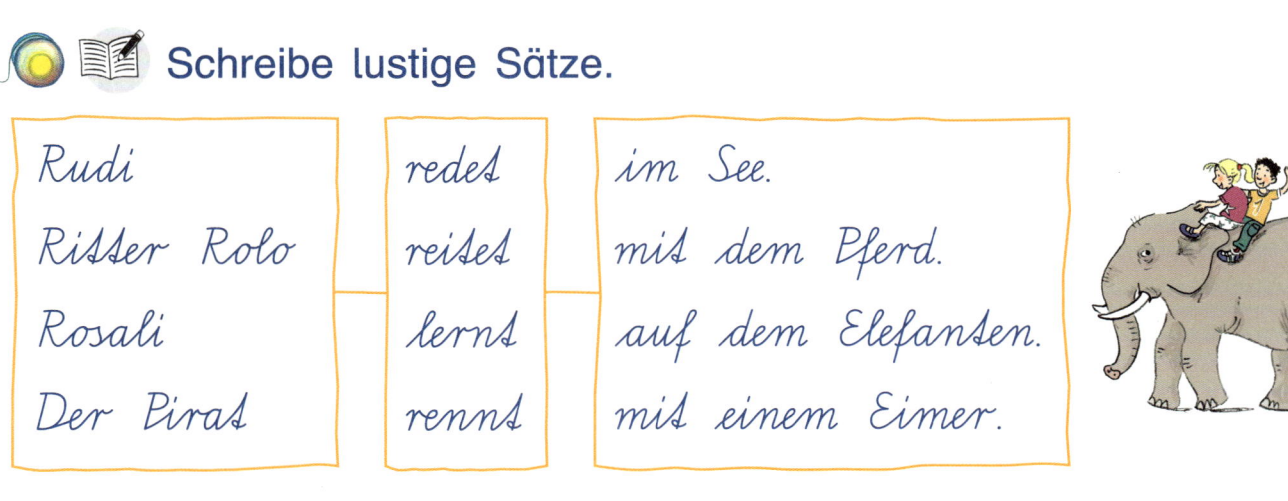

Rudi	redet	im See.
Ritter Rolo	reitet	mit dem Pferd.
Rosali	lernt	auf dem Elefanten.
Der Pirat	rennt	mit einem Eimer.

I i

J J J J

J J

Ina

Ina

Insel Insel

Idee Idee

Internet Internet

✏ Verbinde die Silben und schreibe.

| In | ter | net | | In | stru | men | te |

✏ Drei Sätze sind richtig.

○ Ritter reiten auf Pferden.

○ In einem Stall findest du Tiere.

○ Auf allen Inseln rufen Instrumente.

○ Eine Idee ist oft prima.

○ In der Natur lernen Pferde pfeifen.

 Schreibe die richtigen Sätze ins Heft.

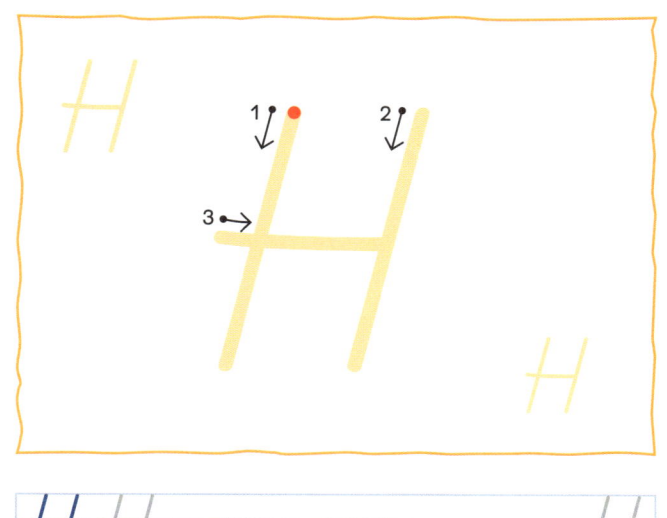

H H   H   h h   h

 Hase   Hase

 Heft   Heft

 Haare   Haare

hat   hat

holen   holen

sehen   sehen

Hai, Hand, Himmel,
Hamster, Haus,
heilen, helfen, heute,
hell, her, hinter

Schreibe in Schreibschrift.

Nino hat Husten.

Der Hals ist rot.

Er ist heiser.

Hustensaft soll helfen.

 Seite 56

Ohr — Ohr

Hahn — Hahn

sehr — sehr

fahren — fahren

Welche Wörter sind keine Tiernamen?

Hamster   Haus
Hose   Hund
Hai
Hut   Helm

der Helm   die

der   das

Nomen **blau**
Verben **rot**

Nomen
Heft

Verben
holen

Hund   holen
Husten
halten
Heft   hoppeln
heulen   Haus
drehen
Hummel

Vergleiche mit deinem Partnerkind.

Schreibe die Nomen mit Artikel ins Heft.

Diese Seite fand ich ○ leicht ○ mittel ○ schwer

C c

C C C   c c c

C C C

c c c

Cent   Cent

Comic   Comic

cool   cool

Creme   Comic   Computer   Collie

Du liest Comics.

Du l

Du lernst am Computer.

Du cremst die Haut ein.

 **Schreibe, was Celina macht:** Celina liest Comics. ...

Ch ch

Ch Ch   Ch   ch ch   ch

Chor   Chor   ich   ich

China   China

Nacht   Nacht

machen   machen

rechnen   rechnen

riechen   riechen

chs chs   chs

6 sechs   sechs

Fuchs   Fuchs

Milch, Dach, Teppich,
suchen, sprechen, auch,
dich, doch, durch, hoch,
leicht, nach, sich, endlich

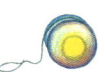 sprechen, horchen,
rechnen, suchen, riechen

Ich spreche.
Ich spreche nicht.
Ich suche. Ich ...

Sch sch

Sch Sch Sch sch sch sch

 Schule Schule

 Fisch Fisch

schauen schauen

  Schere

Sche	 re
Scha	fel
Schau	fe
Schlei	le

| du | schla | schmu | fen | sen | schen |

 Schreibe in Schreibschrift.

 Sascha schaut Schiffe an.   *Schiffe*

 Schnee, Schrift, Schaf,
Tasche, Flasche, Dusche,
schneiden, schreien, schon,
rascheln, schimpfen, frisch

 **Schreibe zu fünf Wörtern
auf dieser Seite einen Satz:**
Ich schneide mit der Schere.
Polli raschelt ...

L L   L

Lama   Lama

Lampe   Lampe

Ordne die Nomen.

das		die
Lamm		Lehrerin

Lamm   Leine
Lama   Lineal
Laterne
Licht   Lasso
Lehrerin
Lippe
Leiter

Schreibe alle L-Wörter mit Artikel auf.

32

Z z

Z Z   Z   z z   z

Zeit   Zeit

Zelt   Zelt

Zahn   Zahn

10   zehn   zehn

Herz   Herz

tanzen   tanzen

Zeile, Zaun, Zoo, Pilz,
Zimmer, Zitrone,
ziehen, zappeln, zerren,
zittern, zusammen,
dazu, zuerst, zur, zum

Schreibe in Schreibschrift.

Paola tanzt oft durchs Zimmer.
Die Zitrone ist Nina zu sauer.
Mama hat zehn Zehen.
Opa zappelt im Zelt herum.
Nino isst Pizza zum Saft.

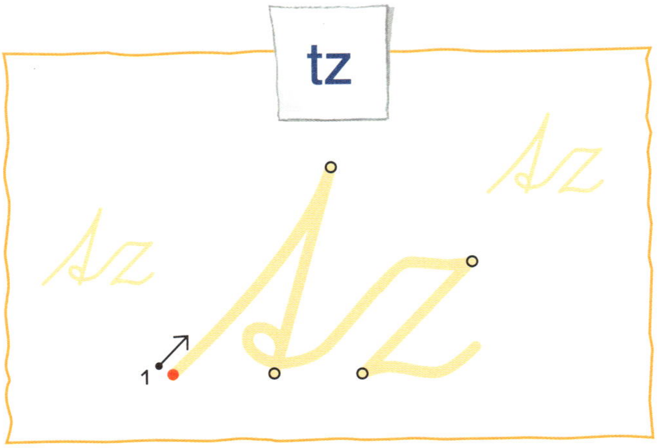

tz

Az Az   Az

atz   atz

etz   etz

Was reimt sich?

1 flitzen   2 Platz   3 hetzen   4 Spritze

○ Satz   1 sitzen   ○ Spitze   ○ petzen

flitzen

s

Welche Satzteile passen zusammen?

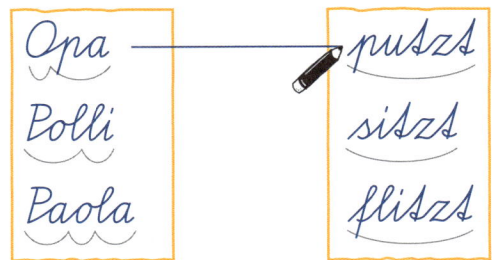

Opa — putzt
Polli — sitzt
Paola — flitzt

immer auf ihrem Platz.
hinter einer Maus her.
manchmal Ninos Schuhe.

Schreibe zwei oder alle Sätze in dein Heft.

Schreibe mit den Reimwörtern von oben eigene Sätze.

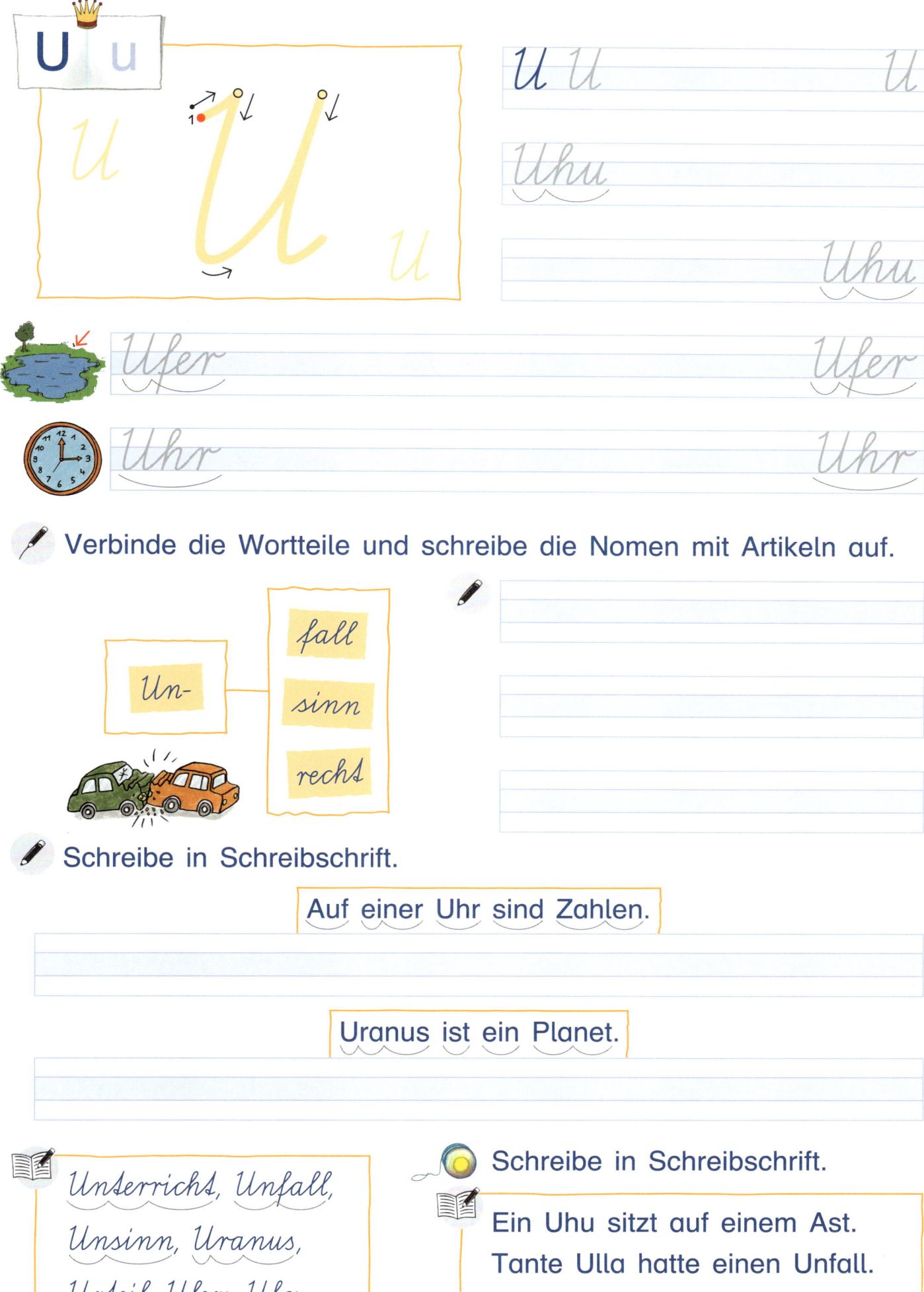

U u

U U   *U*

Uhu

Uhu

Ufer   *Ufer*

Uhr   *Uhr*

Verbinde die Wortteile und schreibe die Nomen mit Artikeln auf.

Un-   fall   sinn   recht

Schreibe in Schreibschrift.

Auf einer Uhr sind Zahlen.

Uranus ist ein Planet.

Unterricht, Unfall,
Unsinn, Uranus,
Urteil, Ufer, Ufo

Schreibe in Schreibschrift.

Ein Uhu sitzt auf einem Ast.
Tante Ulla hatte einen Unfall.
Uli macht immer nur Unsinn.

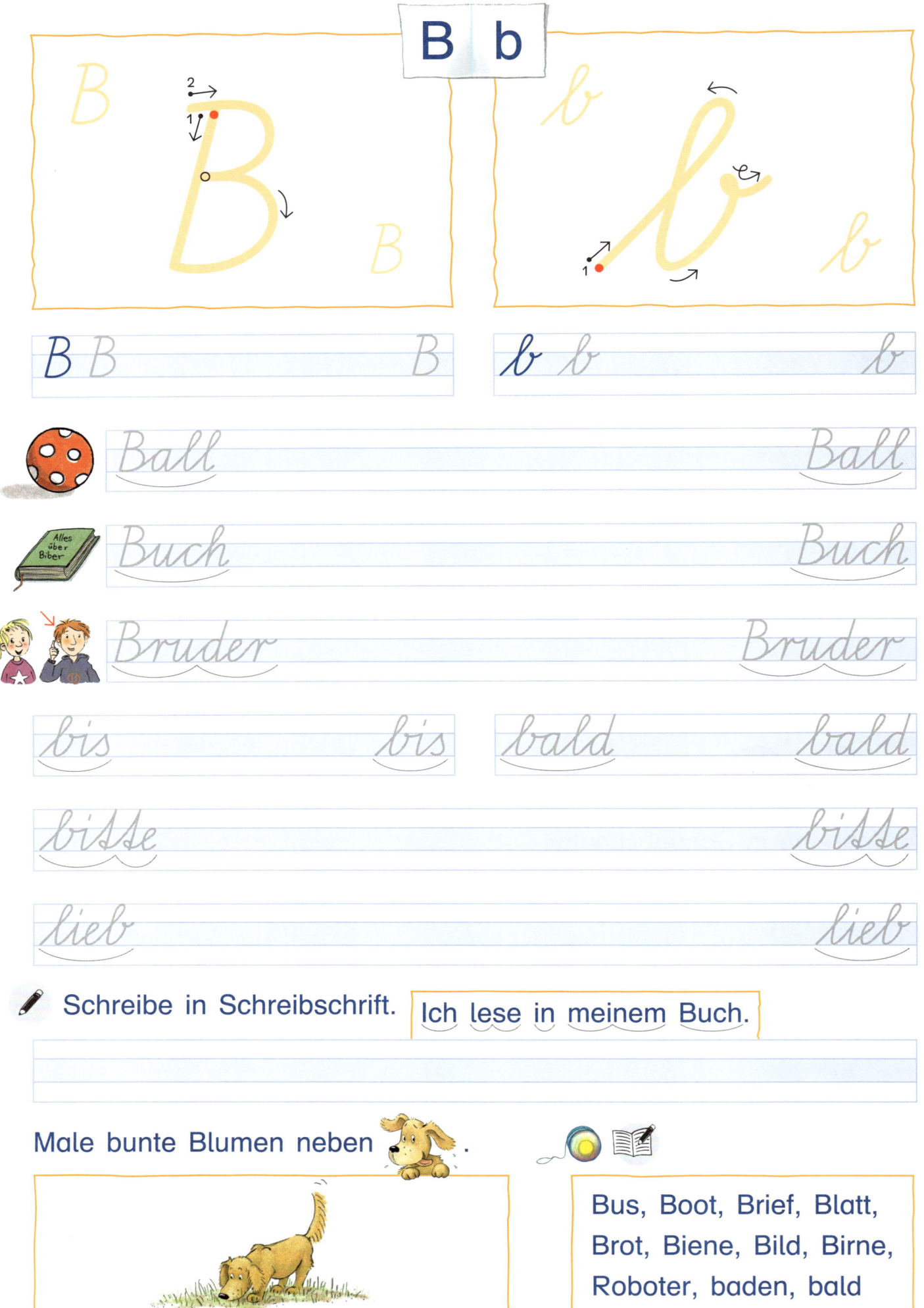

B b

B B B

b b b

Ball — Ball

Buch — Buch

Bruder — Bruder

bis — bis | bald — bald

bitte — bitte

lieb — lieb

✏ Schreibe in Schreibschrift. | Ich lese in meinem Buch.

Male bunte Blumen neben 🐕 .

Bus, Boot, Brief, Blatt, Brot, Biene, Bild, Birne, Roboter, baden, bald

be   be

ben   ben

bei   bei

aber   aber   beide   beide

bleiben   bleiben

arbeiten   arbeiten

| ba | so | blei | | ben | len | ben |
| bel | ha | lie | | ben | den | ben |

baden

Biber, Rabe, Abend, Silbe,
bald, besser, bellen, beten,
neben, lieber, selber

Nina und Leon erfinden
Namen. Dazu malen sie
ein Blatt mit Silben.

Diese Seite fand ich ○ leicht ○ mittel ○ schwer

Ä Ä   Ä   ä ä   ä

Ärmel   Ärmel

Bär   Bär

älter   älter

✏ Aus A wird Ä, aus a wird ä.   Hand   Apfel   Zahn

der Apfel

✏ Schreibe in Schreibschrift.   blättert   Rätsel

Paola blättert im Buch. Sie liebt Rätsel.

Schreibe die Nomen in der
Mehrzahl und Einzahl:
die Fässer – das Fass

Fässer, Hände, Bälle,
Dächer, Bäder, Räder

Plätze, Schnäbel, Äste

38

Äu äu

Äu Äu   Äu   äu äu   äu

Mäuse   Mäuse

Träumen   Träumen

läuten   läuten

🖊 **Aus** *au* **wird** *äu* .   Maus   Haus   Baum

das Haus    die Häuser

der

🖊 **Was passt ?**   Träumen   aufräumen   schäumen

Zäune   Bäuerin   er läuft   Räuber   läuten

Bauer	laus
Traum	Raum
laufen	rauben
Zaun	Schaum

 **Schreibe alle** *äu*-**Wörter dieser Seite ab.**

39

Ö ö

Ö Ö   Ö   ö ö   ö

Öl   Öl

hören   hören

öffnen   öffnen

✏ **Aus eins mach zwei!**   Ofen   Horn   Dorf

der   die

✏ **Schreibe in Schreibschrift.**

Lara möchte Rätsel lösen.

Anita isst ein Brötchen.

Ölsardinen, Brötchen,
Eichhörnchen, hören, lösen,
böse, schön, öfter, öffnen

Die Mutter öffnet Ninas
Heft. Sie meint: „Du hast
eine schöne Schrift."
Das hört Nina öfter.

40

Ü Ü Ü ü ü ü

Füller Füller

für für über über

dürfen dürfen

Welche Silben passen zusammen ?

hüp	blü	müs
dür	füh	brül

fen	sen	fen
len	hen	len

brüllen

Was darfst du ?

○ mit dem Seil hüpfen

○ ein Feuer anzünden

○ im Heft mit dem Füller üben

○ laut brüllen

○ mich über schöne Blüten freuen

Ich darf ...

V v

V V V

v v v

$Vase$ $Vase$

$Vater$ $Vater$

$vier$ $vier$

$viel$ $viel$

| ver- | schreiben |
| | stehen   reisen |

ver

| vor- | lesen   laufen |
| | spielen |

vor

Vater, Vampir, Ventil, Vers, Video, Vorsicht, voll, violett, vielleicht, von, vor, vorbei

Schreibe zu den Wörtern mit ver- und vor- einen Satz.

☞ Seite 56

W w

W W   W

w w   w

Wiese   Wiese

warten   warten

wir   wir   weil   weil

Löwe   Löwe

Schreibe in Schreibschrift.   *antworte*   *Schwester*

Ich antworte meiner Schwester.

Wir üben in einer Woche viele Wörter.

Wasser, Wind, Winter, Wolf, Wort,
Wurzel, Clown, Schwan, wünschen,
wollen, schwarz, weiß, weiter, zwei

Schreibe zu fünf Wörtern einen Satz.

Was willst du von deinem Partnerkind wissen?
Was…? Wo…? Warum…? Wann…? Wie…?

G g

G G   G   g g   g

Gras   Gras

Geige   Geige

Auge   Auge

gehen   gehen

ganz   ganz

Was reimt sich?

liegen   fragen   fliegen

Zwerge   Berge   sagen

liegen ↓

↓

↓

Gesicht, Gemüse, genau, gestern, gelb, gleich, beginnen

   Diese Seite fand ich ○ leicht ○ mittel ○ schwer

Kreise alle g rot ein.

liegen   fegen   zeigen   lügen   sagen   fragen

Was machen alle?   Was macht einer?

alle liegen   →   er liegt

alle fegen   →   er f

alle   →

ng   ng   ng

Ring   Ring

eng   eng

Engel, Finger, Frühling, Schlange, Stange, Zunge,
bringen, fangen, hängen, singen, eng, lang

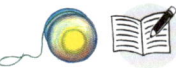 Schreibe zu 5 Wörtern einen Satz: Ein Engel ...

45

J j

J J   J

j j   j

Jojo   Jojo

ja   ja

jetzt   jetzt

ja   ju   jam   beln   gen   mern

Schreibe in Schreibschrift.

Jonas löffelt einen Joghurt.

Nino übt mit seinem Jo-Jo.

Januar, Juni, Juli, Jahr,
Jäger, Judo, Junge,
jubeln, jaulen, jemand

Mögen alle Mädchen Judo?
Mag Jojo Joghurt?
Mag Jojo den kleinen Jonas?

Das Jahr

	richtig	falsch
1. Im Januar fängt das Jahr an.	◯	◯
2. Im März beginnt der Sommer.	◯	◯
3. Im Juni sind die Erdbeeren reif.	◯	◯
4. Im November ist Silvester.	◯	◯
5. Im Dezember ist Ostern.	◯	◯
6. Im Frühling wird alles grün.	◯	◯
7. Im Sommer haben wir hitzefrei.	◯	◯
8. Im September fallen die Blätter.	◯	◯
9. Im Winter blühen Tulpen.	◯	◯

Schreibe die richtigen Sätze ab.

1. Im Januar

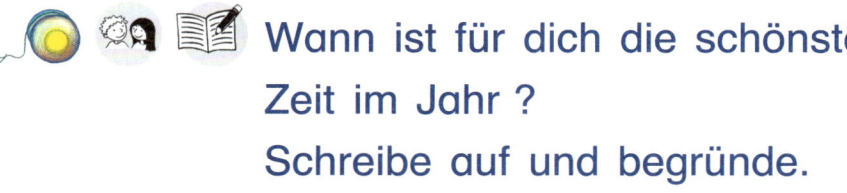

Wann ist für dich die schönste Zeit im Jahr ?

Schreibe auf und begründe.

K k

K K   K   k k   k

Kind   Kind

Katze   Katze

kein   kein   kann   kann

krank   krank

kommen   kommen

können   können

Was kannst du kaufen?

☒ Kuchen   ○ Krokodile

○ Kinder   ○ Kerzen

○ Kleider   ○ Paprika

○ Kekse   ○ Kamele

Ich kann Kuchen kaufen. Ich kann keine Kinder kaufen. Ich kann ...

ck ck ck

Jacke Jacke

Zucker Zucker

Picknick Picknick

lecker lecker

zurück zurück

Nomen **blau**, Verben **rot**, Adjektive **grün**.

Brücke   schlecken   fleckig   Lücke

wecken   Mücke   dreckig   schmecken   eckig

Nomen	**Verben**	**Adjektive**
Brücke	schlecken	fleckig

Wörter mit nk:

Bank, Schrank, Enkel, Onkel, Geschenk, danken, denken, trinken, winken, zanken, funkeln, dunkel, links

Schreibe zu vier nk-Wörtern einen Satz.

Seite 56

ß

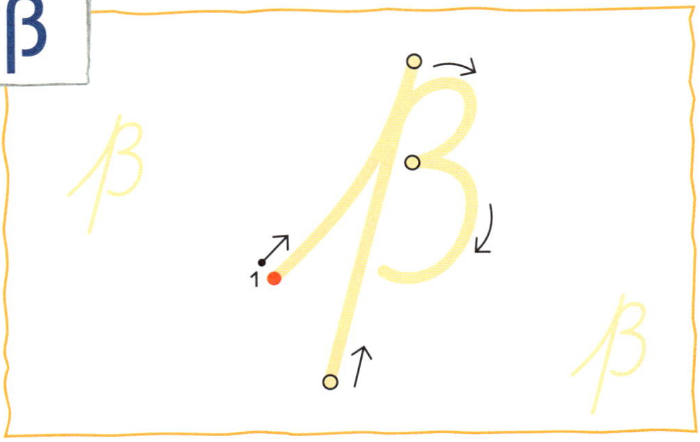

ß ß   ß

Be   Be

oß   oß

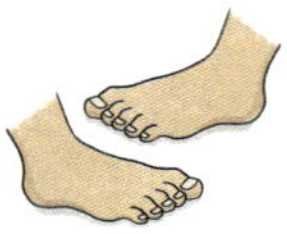

Füße   Füße

Straße   Straße

groß   groß

Was reimt sich ?

Fuß   gießen   Floß   Gruß   schließen   Kloß

Kinder mögen •   • große Füße.

Jojo mag kein •   • süße Schokolade.

Riesen haben •   • spaßige Tricks.

Jojo hüpft •   • durch weißen Schnee.

Leon übt •   • heißes Würstchen.

 Schreibe die Sätze in Schreibschrift in dein Heft.

Diese Seite fand ich   ○ leicht   ○ mittel   ○ schwer

ßen   ßen

heißen   heißen

| gießen | beißen | | gießt | beißt |
| schießen | reißen | | schießt | reißt |

schießen → er schießt

_____ → er _____

_____ → _____

_____ → _____

 **Schreibe fünf lustige Sätze ins Heft.**

Freunde	lieben	weiße Rosen.
Eltern	beißen	fleißige Kinder.
Hunde	genießen	große Geschenke.
Mädchen	grüßen	süße Kekse.
Jungen	brauchen	heiße Klöße.

Elefant – groß – Maus
Sonne – heiß – Feuer
Biene – fleißig – Kuh

Vergleiche:
Der Elefant ist
größer als eine …

Qu Qu Qu Qu *Qu*

qu qu qu qu *qu*

Qu Qu Qu

qu qu qu

 Quirl Quirl

quer quer

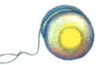 **Setze die Silben zusammen.**

| qua | qual | quie | quiet | ken | ken | men | schen |

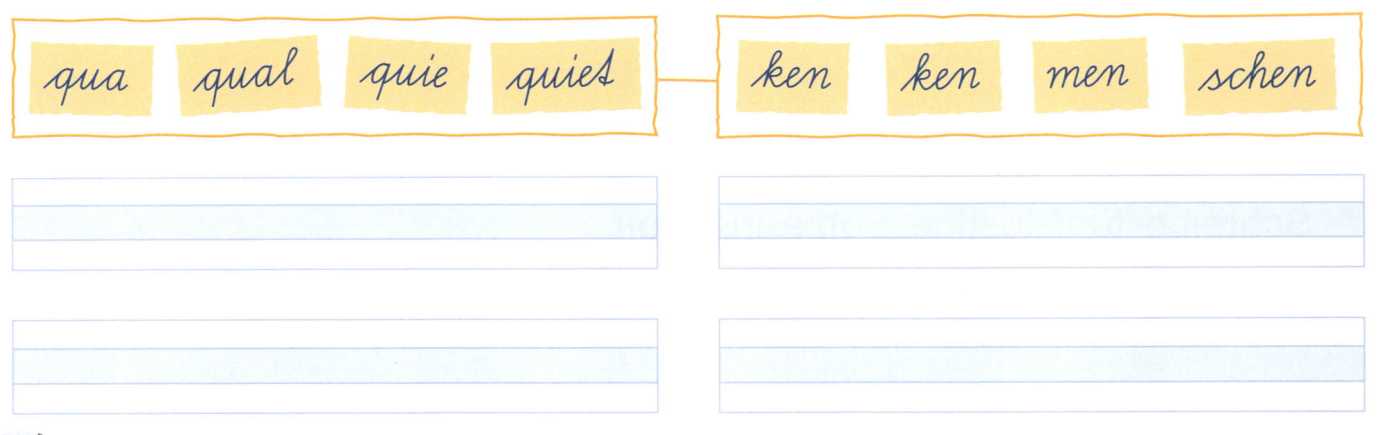

Nina zählt die Ecken am Quadrat.
Im Meer schwimmen Quallen.
Ein Clown macht viel Quatsch.
Ob Quark jedem schmeckt?

Quadrat
Quallen
zählt
Clown
Quark

 **Schreibe Sätze mit den Wörtern:**

Quelle, Quartett, Qualm, Quiz, Aquarium

52

Y y

Y Y Y   y y y

Yacht   Yacht

Pony   Pony

Pyramide   Pyramide

In Ägypten	•	•	ist ein Pony.
Eine Stadt in Italien	•	•	ist ein Baby.
Ein sehr kleines Kind	•	•	heißt Syrakus.
Im Frühjahr	•	•	gibt es Pyramiden.
Ein kleines Pferd	•	•	blühen Hyazinthen.

Schreibe die Sätze in Schreibschrift in dein Heft.

Pferd   Stadt
Baby   Hyazinthen
Ägypten   Syrakus

Schreibe drei Sätze zu Syrakus.

X x

X X X   x x x

Xylofon   Xylofon

Text   Text

Hexe   Hexe

Taxi   Taxi

✏ Schreibe das passende Wort dazu.

boxen   mixen   faxen   hexen

der Mixer →   der Boxer →

die Hexe →   das Fax →

Axt, Box, Lexikon, Nixe, Praxis,
Taxi, Text, Xylofon, Experiment,
extra, faxen, fix, hexen, boxen,
verflixt, explodieren

Verflixt! Du kannst toll schreiben.

📖✏ Schreibe lustige Sätze, in denen
möglichst viele Wörter mit X, x vorkommen.

👉 Seite 56

Nun hast du alle Buchstaben in Schreibschrift geübt.

Finde heraus, ob du sicher bist. Schreibe in Schreibschrift.

Haie

Es gibt viele Arten von Haien.

Haie haben scharfe Zähne.

Sie fressen Fische und

andere Meerestiere.

Mit den großen Flossen können

sie sehr schnell schwimmen.

Dein Partnerkind kontrolliert
deinen Text und markiert Fehler.

Schreibe Sätze mit Fehlern
noch einmal richtig
in dein Heft ab.

Haie

Es gibt viele Arten von Haien.

Haie haben scharfe Zähne.

Sie fressen Fische und

andere Meerestiere.

Mit den großen Flossen können

sie sehr schnell schwimmen.

Kleine Texte zum differenzierten Einsatz

Nach D (Seite 20)

Alle lesen

Nina und Nino lesen.
Sie finden eine tolle Seite.
Da sind Ameisen.

 Tante Sina liest mit
Simon. Das ist nett.

Nach H/h (Seite 27)

Hasso, unser Hund

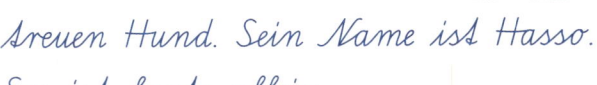

Hannes hat einen
treuen Hund. Sein Name ist Hasso.
Er ist heute allein.
Er heult laut.

Er rennt hin und her.
Armer Hasso!

Nach tz (Seite 34)

Freizeit

Fritz spielt in seiner Freizeit mit
dem Laptop. Seine Freunde fahren
mit dem Fahrrad.
Sulola tanzt in ihrem Zimmer.
Alle freuen sich.

 In Italien sitzt
man oft zusammen
und feiert.

Nach V/v (Seite 42)

Blumen

Verena sucht zu Ostern schöne
Blumen. Vielleicht findet sie
Veilchen. Sie haben violette Blüten.
Plötzlich sieht sie am Feldrand
Pusteblumen.

Toll! Aber für die
Vase passen sie
leider nicht.

Nach K/k (Seite 49)

Das kleine Krokodil

Das kleine Krokodil sucht neue
Freunde. Zusammen können sie viel
machen. Sie können kämpfen
und mit den Zähnen klappern.
Können sie auch Kokosnüsse
knacken?

 Ob das kleine Krokodil bald
einen Kameraden trifft?

Nach X/x (Seite 54)

Die kleine Hexe

Es war einmal eine
kleine Hexe. Sie träumte von
einem neuen Hexenhaus und einem
schnellen Hexenbesen. Doch verflixt!
Wo war bloß das Zauberbuch?

Sie konnte es nicht finden.
Der Rabe Xaver lachte
darüber.